SABRINA SUE DANIELS

FRÜHSTÜCK *vegan*

Trage dich jetzt unter **www.vegetarisch-und-vegan.de** für unseren Newsletter ein und erhalte zu neuen Veröffentlichungen Leseproben und kostenlose Rezepte!

SABRINA SUE DANIELS

FRÜHSTÜCK vegan

50 Rezepte für Pancakes, Omelette, Brotaufstriche und mehr

riva

INHALT

85 BREKKIE-QUICKIES

VEGANE ERNÄHRUNG IST KEIN VERZICHT, SONDERN EINE LECKERE ALTERNATIVE

Ein veganer Lebensstil ist die bewusste Entscheidung gegen tierische Lebensmittel und die Wahl eines Konsumverhaltens ohne Tierleid. Aber nicht nur der Gedanke an ein friedvolles Miteinander von Mensch und Tier, sondern auch gesundheitliche Gründe können zum Entschluss beitragen, weniger tierische Produkte zu konsumieren.

Für viele Menschen, die sich zum ersten Mal mit dem Thema Veganismus beschäftigen, ist es kaum vorstellbar, wie eine Ernährung ohne Fleisch, Milch, Butter und Sahne funktionieren kann. Im Vergleich dazu üben Vegetarier ebenfalls den Verzicht von Fleisch, jedoch stehen bei ihnen weiterhin Eier und Milchprodukte auf dem Speiseplan. Doch bei einer veganen Ernährung wird es keinesfalls langweilig und schrecklich geschmacklos auf dem Teller. Inzwischen ist es sehr viel einfacher, ganz fleischfrei zu leben oder mehrmals die Woche auf tierische Produkte zu verzichten.

Das Produktsortiment im Supermarkt ist mittlerweile doch unbeschreiblich groß und die Auswahl an Pflanzendrinks, Fleisch- und Käsealternativen riesig. Schon längst ist aus dem hippen Internet-Trend eine leckere Alternative auch für Flexitarier geworden.

Dieses Buch mit 50 köstlichen Rezepten bietet dir eine große Vielfalt an Frühstücksideen. Da ist für jeden Geschmack etwas dabei – und es fühlt sich bestimmt nicht nach Verzicht an. Egal ob fluffig-süße Heidelbeerschnecken, herzhafte Frühstückswraps oder wärmender Hasselback-Apfelstreusel, da findet jeder Frühstücker sein Lieblingsgericht. So fehlen in diesem Buch natürlich auch nicht das klassische Frühstücks-Porridge, ein morgendliches Spiegeley, Waffeln, Würstchen und eine würzige Käsealternative aus fermentierten Cashewnüssen. Statt Verzicht gibt es jede Menge alternativer Leckereien.

Beim Start in einen veganen Lebensstil stellen sich natürlich auch einige alltägliche Fragen, zum Beispiel welche Milch du für deinen morgendlichen Kaffee oder für dein Lieblingsmüsli verwenden kannst: Statt Kuhmilch findest du im Supermarkt Pflanzendrinks in allen möglichen Geschmacksrichtungen. Mandel, Cashew, Lupine, Hafer und Kokos sind nur einige der Sorten, die sich auch in Barista-Qualität zum Caffè Latte aufschäumen lassen. Ausprobieren lohnt sich, denn jeder Pflanzendrink hat einen völlig anderen Geschmack.

In einigen Rezepten in diesem Buch wird Kala Namak, auch Schwarzsalz genannt, verwendet. Dieses spezielle Salz hat einen schwefeligen Geruch. Was sich im ersten Moment wenig verführerisch anhört, ist aber für die Zubereitung von veganen Omeletts, Spiegeley und Rührey einfach unverzichtbar. Erhältlich ist Kala Namak über das Internet, im Reformhaus oder Bioladen.

Ein weiteres Gewürz, das besonders viel Geschmack in die Pflanzenküche zaubert, ist geräuchertes Paprikapulver. Normalerweise verleiht es Eintöpfen, Soßen, Marinade und Schmorgerichten einen kräftigen Geschmack und eine rustikale Rauchnote. Dieses rauchige Aroma eignet sich perfekt, um pflanzlichen Frikadellen, Würstchen und Bacon einen würzigen BBQ-Grillgeschmack zu verleihen.

Auch das Backen und Kochen ohne Ei kann in der veganen Küche eine kleine Herausforderung darstellen. Doch mit den unten aufgeführten Alternativen gelingt es ganz einfach.

- Reife Bananen lassen sich fein püriert im Kuchenteig verarbeiten. Da Bananen einen starken Eigengeschmack haben, sollten sie nur in Teigen verwendet werden, bei denen dies erwünscht ist. Für 1 Ei rechne ich etwa ½ Banane.
- Apfelmus ohne Zucker ist relativ geschmacksneutral und eignet sich hervorragend als Ei-Ersatz. Für 1 Ei verwende ich 50 g Apfelmus.
- Leinsamen eignet sich ebenfalls als Ei-Ersatz. Am besten verwendest du geschroteten Leinsamen. Dieser quillt mit Flüssigkeit und wird so zum idealen Bindemittel für Kuchen und pflanzliche Frikadellen.
- Backpulver ist ein Backtriebmittel, das besonders gut in Kuchen und Muffins funktioniert. Kuchenteige werden hiermit besonders luftig und locker-fluffig.
- Natron in Verbindung mit Essig ist ein wunderbarer Ei-Ersatz, der zwar keine Bindung verspricht, aber dafür Kuchenteige locker-luftig aufgehen lässt. Hierfür wird 1 EL Essig mit 1 TL Natron verarbeitet.
- Nussmus wie Mandel-, Erdnuss- oder Cashewmus eignen sich ebenso gut. Sie besitzen zwar keine Triebkraft, verleihen dem Teig aber eine angenehme Nussnote. 1 Ei entspricht hierbei etwa 2 EL Nussmus.
- Chiasamen sind ebenfalls eine schöne Ei-Alternative. Für 1 Ei einfach 1 EL Chiasamen mit 3 EL Wasser quellen lassen. Es bildet sich eine gallertartige Masse, die geschmacklos ist und als Bindung in Plätzchen und pflanzlichen Frikadellen gut funktioniert.
- Ei-Ersatz aus dem Supermarkt ist meist ein pflanzliches Pulver, das mit Wasser angerührt und unter den Teig gemischt wird.
- Kichererbsenwasser (Aquafaba) kann steif geschlagen werden und ist ähnlich wie Eischnee zu verwenden. 50 ml Aquafaba entsprechen dabei 1 Ei.
- Sojajoghurt ist ebenfalls ein toller Ei-Ersatz. Fein pürierter Sojajoghurt eignet sich wunderbar für cremige Soßen, wie sie in Quiche benötigt werden. 1 Ei entspricht hierbei 50 g Sojajoghurt.

Die Rezepte in diesem Buch sollen dir als leckere Inspiration dienen. Du magst den verwendeten Pflanzendrink nicht oder das dort beschriebene Obst hat keine Saison? Kein Problem! Du kannst die Rezepte nach Lust und Laune abwandeln.

Ich wünsche dir viel Spaß beim Nachkochen und Schlemmen!

Basics

KAROTTENLACHS

ZUCKERFREI / GLUTENFREI

FÜR 4 PORTIONEN

ZUBEREITUNGSZEIT: 25 MINUTEN • ZEIT ZUM EINLEGEN: 2 TAGE

ZUTATEN:

300 g Karotten
½ Blatt Nori-Algen
½ Bund Dill
2 Frühlingszwiebeln
1 EL helle Sojasoße
1 EL Apfelessig
2 EL Leinöl oder Olivenöl
1 TL Zitronensaft
1 ½ TL Rauchsalz
Pfeffer

1. Karotten schälen und in einem Dampfgareinsatz 5 Minuten dämpfen. Anschließend mit einem Gemüsehobel in dünne Streifen schneiden.
2. Nori-Algen fein zermahlen. Dill fein hacken und Frühlingszwiebeln in dünne Röllchen schneiden. Karotten mit Nori-Algen, Dill und Frühlingszwiebeln in eine Frischhaltedose geben.
3. Sojasoße, Apfelessig, Leinöl, Zitronensaft und Rauchsalz miteinander vermengen. Marinade über die Karotten geben und gut vermischen.
4. Karottenlachs im Kühlschrank über Nacht, besser jedoch 2 Tage, durchziehen lassen. Nach Belieben mit Pfeffer würzen.

Besonders lecker schmeckt der Karottenlachs auf meinem Linsen-Sesam-Knäckebrot (siehe Seite 57). Dafür das Knäckebrot mit veganem Käseaufstrich (siehe Seite 22) bestreichen. Anschließend mit Karottenlachs belegen und mit Granatapfelkernen bestreuen.

SEITAN-WÜRSTCHEN

FÜR 10 STÜCK
ZUBEREITUNGSZEIT: 60 MINUTEN

ZUTATEN:

- 200 ml Gemüsebrühe
- 15 g getrocknete Shiitakepilze
- 1 rote Zwiebel
- 2 Knoblauchzehen
- 25 g getrocknete Tomaten, in Öl eingelegt
- 2 EL Tomatenmark
- 2 TL Rohrohrzucker
- 1 TL Fenchelsamen
- 1 EL Hefeflocken
- 1 TL Paprikapulver, geräuchert
- 1 TL Paprikapulver, edelsüß
- 1 TL Majoran
- 1 TL italienische Gewürzmischung
- ½ TL Salz
- Pfeffer
- 150 g Seitan-Basis

1. Gemüsebrühe in einem Topf erhitzen. Getrocknete Shiitakepilze hinzugeben und 10 Minuten einweichen lassen. Zwiebel und Knoblauch schälen und fein hacken. Getrocknete Tomaten fein hacken.
2. 2 EL Öl der getrockneten Tomaten abnehmen und in einer Pfanne erhitzen. Zwiebeln, Knoblauch und getrocknete Tomaten hinzugeben und 2–3 Minuten glasig andünsten. Tomatenmark und Rohrohzucker hinzugeben und karamellisieren lassen.
3. Zwiebelmix, eingeweichte Shiitakepilze mit der Gemüsebrühe und Fenchelsamen in einen Mixer geben und fein pürieren. Hefeflocken, beide Paprikapulversorten, Majoran, italienische Gewürzmischung, Salz, Pfeffer und Seitan-Basis hinzugeben und zu einem glatten Teig verkneten.
4. Anschließend in 10 gleich große Stücke teilen und zu Würstchen formen. Diese in Frischhaltefolie wickeln und die Enden wie Bonbonpapier zusammendrehen.
5. Wasser in einem Topf erhitzen. Würstchen in einen Dampfgareinsatz legen und 45 Minuten garen. Nach dem Dämpfen vorsichtig aus der Folie lösen. Die Würstchen können nach dem Garen auf dem Grill oder in der Pfanne gebraten werden.

TOFU-RÜHREY

ZUCKERFREI

FÜR 2 PORTIONEN
ZUBEREITUNGSZEIT: 15 MINUTEN

ZUTATEN:

200 g Tofu, natur
2 Knoblauchzehen
2 Frühlingszwiebeln
½ TL Paprikapulver, geräuchert
½ TL Kurkuma
½ TL Kala Namak
2 EL Hafercreme
Pfeffer
2 EL Rapsöl

1. Tofu mit den Händen zerkrümeln. Knoblauch schälen und fein hacken. Frühlingszwiebeln in feine Röllchen schneiden. Tofu, Knoblauch und Frühlingszwiebeln in eine Schüssel geben. Paprikapulver, Kurkuma, Kala Namak und Hafercreme hinzugeben. Mit Pfeffer würzen und gut verrühren.
2. Rapsöl in einer Pfanne erhitzen. Tofu hinzugeben und 2–3 Minuten bei mittlerer Hitze anbraten.

Dazu frische Tomaten und den veganen Bacon (siehe Seite 52) servieren.

SUNNY SPIEGELEY

GLUTENFREI / ZUCKERFREI

FÜR 6 PORTIONEN
ZUBEREITUNGSZEIT: 15 MINUTEN

ZUTATEN:

100 g Seidentofu
100 g Naturtofu
50 ml ungesüßter Pflanzendrink
20 g Vollkornreismehl
1 TL Kala Namak, gestrichen
½ TL Kurkuma
Rapsöl zum Braten
Pfeffer
Paprikapulver, edelsüß

1. Für das Eiweiß Seidentofu, Naturtofu, Haferdrink, Vollkornreismehl und Kala Namak in einen Mixer geben und fein pürieren.
2. Für das Eigelb 2 EL der Tofumasse abnehmen und in einer kleinen Schüssel mit Kurkuma vermengen.
3. Rapsöl in einer antihaftbeschichteten Pfanne erhitzen. Mit einem Esslöffel die Eiweißmasse dünn, in Form eines Spiegeleis, in der Pfanne verstreichen.
4. Eigelbmasse mit einem Teelöffel darauf verteilen. Spiegelei bei mittlerer Hitze etwa 2 Minuten braten. Mit einem Pfannenwender vorsichtig aus der Pfanne heben oder gleiten lassen. Nacheinander 6 Spiegeleier auf die gleiche Weise zubereiten.
5. Mit Pfeffer und Paprikapulver würzen und servieren.

EY-EY-SALAT-BAGEL

ZUCKERFREI

FÜR 2 PORTIONEN
ZUBEREITUNGSZEIT: 15 MINUTEN

ZUTATEN:

EY-EY-SALAT:

- 150 g Tofu
- 3 Cornichons
- ¼ Bund Dill
- 2 Frühlingszwiebeln
- 75 g vegane Mayonnaise
- 1 TL Senf, mittelscharf
- ½ TL Kala Namak
- Salz, Pfeffer

BAGELS:

- 2 Bagels (Rezept siehe Seite 50)
- 10 grüne Oliven ohne Stein
- Kresse

1. Tofu und Cornichons klein würfeln. Dill und Frühlingszwiebeln fein hacken. Mayonnaise, Senf und Kala Namak in einer Schüssel miteinander verrühren.
2. Tofu, Cornichons, Dill und Frühlingszwiebeln unterheben und mit Salz und Pfeffer abschmecken. Im Kühlschrank bis zur Verwendung kalt stellen.
3. Bagels längs halbieren. Oliven in dünne Scheiben schneiden. Ey-Ey-Salat auf den Bagelhälften verteilen. Oliven daraufgeben, mit Kresse bestreuen und servieren.

PAPRIKA-BOHNEN-DIP

GLUTENFREI / ZUCKERFREI

FÜR 8 PORTIONEN

ZUBEREITUNGSZEIT: 10 MINUTEN • BACKZEIT: 30 MINUTEN

ZUTATEN:

1 rote Paprikaschote
2 TL Olivenöl
1 rote Zwiebel
1 Knoblauchzehe
1 kleiner Apfel
400 g weiße Bohnen (Dose, Abtropfgewicht 250g)
¼ TL gemahlener Kreuzkümmel
1 ½ TL Currypulver
Salz, Pfeffer

1. Backofen auf 230 °C Ober-/Unterhitze vorheizen und eine Auflaufform bereitstellen.
2. Paprikaschote halbieren, entkernen und mit der Hautseite nach oben in die Auflaufform legen. Paprika mit 1 TL Olivenöl bestreichen und 25–30 Minuten im Backofen rösten, bis die Haut bräunt und Blasen schlägt. Anschließend auskühlen lassen und die Haut abziehen.
3. Zwiebel und Knoblauch schälen und grob klein schneiden. Apfel halbieren, entkernen und würfeln. Restliches Olivenöl (1 TL) in einer Pfanne erhitzen. Zwiebel, Knoblauch und Apfel darin 2–3 Minuten glasig andünsten.
4. Weiße Bohnen abtropfen lassen und zusammen mit Apfelmix und Paprika in einen Mixer geben und fein pürieren.
5. Mit Kreuzkümmel, Curry, Salz und Pfeffer abschmecken. Im Kühlschrank hält sich der Dip bis zu 5 Tage.

Wer möchte, kann gehackte Kräuter unter den Dip mischen.

VEGANER LABNEH-KÄSEAUFSTRICH

ZUCKERFREI / GLUTENFREI

FÜR 8 PORTIONEN

ZUBEREITUNGSZEIT: 25 MINUTEN • ZEIT ZUM ABTROPFEN: ÜBER NACHT

ZUTATEN:

½ Bund Schnittlauch
2 Knoblauchzehen
500 g Sojajoghurt
Salz
10 Basilikumblätter
4 EL Olivenöl

1. Schnittlauch waschen, trocken schleudern und fein hacken. Knoblauch schälen und ebenfalls fein hacken. Sojajoghurt mit Schnittlauch und Knoblauch in einer Schüssel miteinander vermischen. Mit Salz abschmecken.
2. Ein Käseleinen über eine Schüssel legen und den Joghurt hineinfüllen. Das Tuch zusammendrehen und so über der Schüssel platzieren, dass die Flüssigkeit abtropfen kann. Den Joghurt für mindestens 8 Stunden oder besser über Nacht abtropfen lassen.
3. Am nächsten Tag das Basilikum waschen und trocknen. Frischkäse abwechselnd mit Basilikum und Olivenöl in ein Glas schichten. Für mindestens 4 Stunden im Kühlschrank marinieren lassen.

Optional können auch Zaatar (eine nordafrikanische Gewürzmischung), Pul Biber (türkische Gewürzmischung mit Paprika) oder andere Gewürze und Kräuter unter den Käse gerührt werden. Im Kühlschrank hält sich der Frischkäse bis zu 5 Tage.

APRIKOSEN-INGWER-POWERBALLS

ZUCKERFREI

FÜR 9 STÜCK
ZUBEREITUNGSZEIT: 15 MINUTEN

ZUTATEN:

1 daumendickes Stück Ingwer
35 g Haferflocken
50 g getrocknete Aprikosen
25 g Pekannüsse
1 TL Sesam
40 g Mandelmus oder Erdnussmus
1 TL gemahlener Zimt
1–2 EL Orangensaft

1. Ingwer schälen und grob hacken. Haferflocken, Aprikosen, Pekannüsse und Ingwer in einem Mixer fein zermahlen. Sesam, Mandelmus, Zimt und Orangensaft hinzugeben und zu einer geschmeidigen Masse verarbeiten.
2. Aus dem Teig 9 gleich große Bällchen formen. In einer Frischhaltedose verpackt im Kühlschrank bis zum Verzehr lagern.

Statt Aprikosen schmecken auch entsteinte Datteln oder Cranberrys ganz hervorragend in den Bällchen. Im Kühlschrank halten sich die Powerballs bis zu 1 Woche.

CASHEWKÄSE

GLUTENFREI / ZUCKERFREI

FÜR 2 LAIBE

ZUBEREITUNGSZEIT: 25 MINUTEN • RUHEZEIT: 2–3 TAGE

ZUTATEN:

200 g Cashewkerne
½ TL Salz
1 ½ EL Hefeflocken
3 Messlöffel Bakterienkultur (Starterkit Keinkäse von Fairment)
2 Knoblauchzehen
¼ Bund Schnittlauch
1 TL rosa Pfefferbeeren

1. Cashewkerne für mindestens 6 Stunden oder besser über Nacht in Wasser einweichen. Das Einweichwasser am nächsten Tag abgießen.
2. Cashewkerne, 180 ml Wasser, Salz und Hefeflocken in einen Mixer geben und fein pürieren. Bakterienkulturen unterrühren, in ein sterilisiertes Glas füllen und luftdicht verschließen.
3. Cashewmasse an einem warmen Ort für 24 Stunden fermentieren lassen. Am nächsten Tag den Knoblauch schälen und fein hacken. Knoblauch unter die Cashewmasse rühren und anschließend in ein Käseleinen geben. Käseleinen in einer Käseform über einer Schüssel platzieren. Die Masse 24–48 Stunden abtropfen lassen.
4. Je länger der Käse abtropft, desto fester und intensiver im Geschmack wird er. Bei Raumtemperatur fermentiert der Käse immer weiter. Sobald er im Kühlschrank gelagert wird, stoppt der Prozess.
5. Schnittlauch fein hacken. Käse mit Schnittlauch und rosa Pfefferbeeren toppen und servieren. Luftdicht verpackt hält sich der Käse im Kühlschrank bis zu 5 Tage.

ROTE-BETE-FETO-AUFSTRICH

GLUTENFREI / ZUCKERFREI

FÜR 6 PORTIONEN
ZUBEREITUNGSZEIT: 45 MINUTEN

ZUTATEN:

- 1 kleine Rote-Bete-Knolle (100 g)
- 1 Knoblauchzehe
- 120 g Kichererbsen (Dose, abgetropft)
- 1 TL Meerrettich, gerieben (Glas)
- 2 TL Tahini
- 1 EL Olivenöl
- 50 g Greek White (vegane Feta-Alternative)
- Salz, Pfeffer
- 1 TL Sesam zum Bestreuen (optional)

1. Rote Bete in einen kleinen Topf mit Wasser geben und 35–40 Minuten bei mittlerer Hitze gar kochen. Nach dem Kochen auskühlen lassen, schälen und grob würfeln.
2. Knoblauch schälen und mit Roter Bete, Kichererbsen, Meerrettich, Tahini und Olivenöl in einen Mixer geben und fein pürieren.
3. Feta-Alternative mit den Händen fein zerkrümeln. Rote-Bete-Creme mit Feta-Alternative vermengen und mit Salz und Pfeffer abschmecken.
4. Nach Belieben mit Sesam bestreuen und servieren.

Wenn es schnell gehen muss: Statt der frischen Rote Bete einfach die vorgekochte und vakuumverpackte Variante aus dem Supermarkt verwenden.

Let's brunch

BANANEN-PANCAKES

ZUCKERFREI (GRUNDTEIG)

FÜR 12 PANCAKES
ZUBEREITUNGSZEIT: 15 MINUTEN

ZUTATEN:

2 kleine Bananen
100 ml ungesüßter Pflanzendrink
50 ml Mineralwasser
100 g Dinkelmehl, Type 630
2 gestrichene TL Backpulver
1 Prise Salz
Mark von 1 Vanilleschote
Pflanzenfett zum Ausbacken
5 Kiwibeeren
50 g Pekannüsse
100 g Himbeeren
Ahornsirup nach Belieben

1. 1 Banane schälen, mit Pflanzendrink und Mineralwasser in einen Mixer geben und fein pürieren. Dinkelmehl, Backpulver, Salz und Vanillemark miteinander vermischen. Anschließend Mehlgemisch und Bananenmilch glatt rühren.
2. Etwas Pflanzenfett in eine beschichtete Pfanne geben und erhitzen. Teig esslöffelweise in die Pfanne geben und bei mittlerer Temperatur 1–2 Minuten ausbacken, bis sich kleine Bläschen bilden. Pancakes wenden und fertig backen.
3. Übrige Banane schälen und in Scheiben schneiden. Kiwibeeren halbieren. Pekannüsse grob hacken. Fertige Pancakes auf einem Teller anrichten und mit Bananenscheiben, Kiwibeeren, Himbeeren und Pekannüssen dekorieren. Nach Belieben mit Ahornsirup beträufeln und genießen.

Keine Zeit für Pancakes? Kein Problem. Der Teig lässt sich auch ganz schnell und einfach in einem Waffeleisen zu 2 Waffeln goldbraun ausbacken.

KRÄUTEROMELETT

ZUCKERFREI / GLUTENFREI

FÜR 2 PORTIONEN

ZUBEREITUNGSZEIT: 25 MINUTEN • RUHEZEIT: 30 MINUTEN

ZUTATEN:

- ¼ Bund Kräuter (Dill, Petersilie, Schnittlauch)
- 1 Frühlingszwiebeln
- 6 Kirschtomaten
- 250 g Kichererbsenmehl
- 2 TL Backpulver
- ½ TL Kala Namak
- 150 ml ungesüßter Mandeldrink
- 150 ml Mineralwasser
- 1 EL Apfelessig
- 2 EL Rapsöl zum Braten
- 200 g Bimi-Brokkoli
- Pul Biber (türkische Gewürzmischung mit Paprika)
- Salz, Pfeffer
- Labneh (Rezept siehe Seite 22)

1. Kräuter waschen und trocknen. Mit Frühlingszwiebeln fein hacken. Kirschtomaten waschen, trocknen und vierteln.
2. Kichererbsenmehl, Backpulver und Kala Namak in einer Schüssel miteinander vermischen. Mandeldrink, Mineralwasser und Apfelessig hinzugeben und zu einem geschmeidigen Teig verrühren. Gehackte Kräuter und Frühlingszwiebeln unterheben und anschließend 30 Minuten ruhen lassen.
3. 1 EL Rapsöl in einer beschichteten Pfanne erhitzen. Die Hälfte des Teigs hineingeben, dabei die Pfanne schwenken, um ihn schön in der Pfanne zu verteilen. Teig stocken lassen. Anschließend wenden und fertig backen. So nacheinander 2 Omeletts ausbacken.
4. Restliches Rapsöl (1 EL) in die Pfanne geben und darin den Brokkoli und die Kirschtomaten schwenken. Mit Pul Biber, Salz und Pfeffer würzen.
5. Brokkoli-Gemüse auf den Kräuteromeletts anrichten und optional mit Labneh servieren.

BANANEN-GRANOLA-CRÊPERÖLLCHEN

FÜR 4 PORTIONEN
ZUBEREITUNGSZEIT: 25 MINUTEN

ZUTATEN:

- 100 g Dinkelmehl, Type 630
- ½ TL Backpulver
- 1 Prise Salz
- 125 ml ungesüßter Pflanzendrink
- 50 ml Mineralwasser
- Rapsöl zum Braten
- 4 kleine oder 2 große Bananen
- 2 EL ungesüßtes Erdnussmus
- 2 EL vegane Schokocreme
- 4 EL Granola (Rezept siehe Seite 54)

1. Dinkelmehl, Backpulver und Salz in einer Schüssel miteinander vermischen. Pflanzendrink und Mineralwasser hinzugeben und zu einem klümpchenfreien Teig verrühren.
2. Rapsöl in einer Pfanne erhitzen. Teig in die Pfanne geben und bei mittlerer Hitze 1 Minute von jeder Seite goldbraun backen. So nacheinander 4 Crêpes mit je Ø 20 cm zubereiten.
3. Bananen schälen und je nach Größe längs halbieren. Jeden Crêpe jeweils mit ½ EL Erdnussmus und anschließend mit ½ EL Schokocreme bestreichen. Mit Granola bestreuen und mit Banane belegen.
4. Crêpes eng aufrollen und mit einem scharfen Messer in 2 cm dicke Stücke schneiden.

SPIEGELEY-BURGER

FÜR 4 PORTIONEN
ZUBEREITUNGSZEIT: 30 MINUTEN • QUELLZEIT: 20 MINUTEN

ZUTATEN:

125 g Gemüsebrühe
50 g feine Sojaschnetzel
2 Knoblauchzehen
1 kleine rote Zwiebel
200 g Kidneybohnen (Dose, Abtropfgewicht 125 g)
1 EL geschrotete Leinsamen (15 g)
1 TL Paprikapulver, geräuchert
1 TL Paprikapulver, edelsüß
1 TL gerebelter Majoran
½ TL Pul Biber (türkische Gewürzmischung mit Paprika)
1 TL mittelscharfer Senf
50 g Panko (Paniermehl)
1 TL Salz
Pfeffer
Rapsöl zum Braten
¼ Bund Schnittlauch
3 EL vegane Mayonnaise
1 TL Sriracha
4 Toasties (Toastbrötchen)
2 Scheiben veganer Käse
4 Spiegeley (Rezept siehe Seite 17)

1. Gemüsebrühe in einem Topf zum Kochen bringen. Sojaschnetzel hinzugeben, kurz aufkochen lassen. Anschließend den Herd ausschalten und mit geschlossenem Deckel 10 Minuten quellen lassen.
2. Knoblauchzehen und Zwiebel schälen und grob würfeln. Kidneybohnen abtropfen lassen. Mit Sojaschnetzeln, Knoblauch, Zwiebeln, Leinsamen, beiden Paprikapulversorten, Majoran, Pul Biber und Senf in einen Mixer geben und mittelfein pürieren.
3. Panko unterheben. Mit Salz und Pfeffer würzen. Masse 10 Minuten quellen lassen. Aus der Masse anschließend 4 gleich große Patties formen. Rapsöl in einer Pfanne erhitzen. Patties bei mittlerer Hitze von jeder Seite 3–5 Minuten goldbraun braten.
4. Schnittlauch waschen, trocknen und fein hacken. Mayonnaise mit Sriracha vermischen. Toasties im Toaster nach Packungsbeilage aufbacken. Je 1 Toastbrötchenhälfte mit Sriracha-Mayonnaise bestreichen und 1 Pattie darauflegen. Mit Käse und Spiegeley belegen. Mit Petersilie bestreuen und die zweite Pattiehälfte darauflegen. Servieren und genießen!

JACKFRUIT-WAFFELN

FÜR 2 PORTIONEN

ZUBEREITUNGSZEIT: 50 MINUTEN • ZEIT ZUM MARINIEREN: 2 STUNDEN

ZUTATEN:

400 g Jackfruit, natur (Dose, Abtropfgewicht 250 g)
1 TL Salz
¼ TL Pfeffer
1 TL Chilipulver
1 TL Knoblauchpulver
2 EL süße Chilisoße
1 EL Sojasoße
2 EL Sojajoghurt
75 g Dinkelmehl, Type 630
25 g Speisestärke
1 TL Paprikapulver, edelsüß
1 TL Knoblauchpulver
Rapsöl zum Braten
4 Waffeln (Rezept siehe Seite 48)
2 EL vegane Cocktailsoße oder Sriracha-Mayo (Rezept siehe Seite 36)

1. Jackfruit abtropfen lassen und auf einem Küchentuch abtupfen. Je nach Größe die Jackfruit in kleinere Stücke schneiden. In einer Schüssel ½ TL Salz, Pfeffer, Chilipulver, Knoblauchpulver, Chilisoße, Sojasoße und Sojajoghurt miteinander vermischen. Jackfruit hinzugeben und mindestens 2 Stunden in der Soße marinieren lassen.
2. Eine Schüssel mit Eiswasser bereitstellen. Dinkelmehl, Speisestärke, Paprikapulver, Knoblauchpulver und ½ TL Salz miteinander vermischen. Die mit der Marinade ummantelte Jackfruit in der Panade wenden. Jackfruitstücke kurz in Eiswasser tauchen und ein zweites Mal in der Panade wenden.
3. Rapsöl in einem Topf erhitzen. Jackfruit im heißen Öl 5 Minuten goldbraun frittieren. Auf einem Küchentuch abtropfen lassen.
4. Jackfruit mit Waffeln und Cocktailsoße garniert servieren und genießen.

Für eine frische Komponente mit 1 klein geschnittenen Frühlingszwiebel oder Sprossen bestreut servieren.

FRENCH-TOAST-ROLLS MIT RICOTTA UND ERDBEEREN

FÜR 2 PORTIONEN
ZUBEREITUNGSZEIT: 25 MINUTEN

ZUTATEN:

125 g Tofu, natur
2 TL Zitronensaft
1 Prise Salz
150 g Erdbeeren
6 Scheiben Dinkeltoast
6 TL vegane Schokocreme
100 ml ungesüßter Cashewdrink
½ TL Vanilleextrakt
2 EL Rapsöl
3 EL Zucker
1 TL Zimt

1. Für den Ricotta den Tofu auf einem Küchentuch vollständig trocknen lassen. Tofu anschließend mit den Händen fein zerkrümeln und in eine Schüssel geben. Mit Zitronensaft und Salz vermischen. Bis zur Verwendung im Kühlschrank kalt stellen.
2. Erdbeeren waschen, trocknen und je nach Größe halbieren oder vierteln. Toast mit einem Nudelholz vorsichtig flach ausrollen. Jede Scheibe mit Schokocreme bestreichen und anschließend fest aufrollen.
3. Cashewdrink und Vanilleextrakt in einem tiefen Teller miteinander vermischen. Toaströllchen darin kurz wenden. Rapsöl in einer Pfanne erhitzen. Röllchen mit der Naht nach unten in die Pfanne legen. Bei mittlerer Hitze von beiden Seiten 2–3 Minuten goldbraun braten.
4. Zucker und Zimt miteinander vermischen. Röllchen in der Zucker-Zimt-Mischung wenden. Mit Ricotta und Erdbeeren servieren und genießen.

Statt mit Schokocreme können die Röllchen auch mit Marmelade bestrichen werden.

KARTOFFEL-PFANNENBÖREK

ZUCKERFREI

FÜR 4 PORTIONEN
ZUBEREITUNGSZEIT: 45 MINUTEN

ZUTATEN:

2 Frühlingszwiebeln
2 Knoblauchzehen
200 g Kartoffeln
100 g Karotten
100 g Zucchini
25 g Blattspinat
1 TL Majoran
1 TL Paprikapulver, edelsüß
Salz, Pfeffer
Muskat
150 g Seidentofu
100 ml Olivenöl
125 g Mineralwasser
rosa Pfefferbeeren
1 EL Margarine, geschmolzen
250 g Filoteig (8 Teigblätter)
2 TL Sesam

1. Frühlingszwiebeln in feine Ringe schneiden. Knoblauch schälen. Kartoffeln und Karotten schälen und grob raspeln. Zucchini ebenfalls grob raspeln. Blattspinat waschen und trocken schleudern.
2. Frühlingszwiebeln, Kartoffeln, Karotten, Zucchini und Blattspinat in einer Schüssel miteinander vermischen. Majoran und Paprikapulver hinzugeben. Kräftig mit Salz, Pfeffer und Muskat würzen.
3. Knoblauch, Seidentofu, Olivenöl und Mineralwasser in einen Mixer geben und fein pürieren. Mit Salz und Pfefferbeeren abschmecken.
4. Margarine in eine beschichtete Pfanne (Ø 24 cm) geben. Ein Filo-Teigblatt hineinlegen und mit 1 EL Knoblauch-Olivenöl-Soße bestreichen und von den Seiten her einklappen. Diesen Vorgang wiederholen, bis 4 Teigblätter übereinanderliegen. Die Kartoffelmasse auf dem Filoteig verteilen. Von der Knoblauchsoße 6 EL abnehmen und zur Seite stellen. Die restliche Soße über die Kartoffelmasse gießen.
5. Mit den verbliebenen Teigblättern ebenso verfahren. Abschließend mit Soße bestreichen und mit Sesam bestreuen.
6. Börek bei mittlerer Hitze und geschlossenem Deckel 30 Minuten knusprig backen. Nach der Hälfte der Backzeit vorsichtig wenden.

Für eine besondere Würze 100 g Reibegenuss (Reibekäseersatz) unter die Kartoffelmasse heben.

POLENTA-KOKOS-SCHNITTEN

GLUTENFREI

FÜR 2 PORTIONEN
ZUBEREITUNGSZEIT: 25 MINUTEN • KÜHLZEIT: 30 MINUTEN

ZUTATEN:

- 250 g ungesüßter Pflanzendrink
- 60 g Polenta
- 25 g Rohrzucker
- 1 Prise Salz
- ½ TL Orangenschale, gerieben
- ½ TL gemahlener Zimt
- 1 Prise Muskat
- 1 TL Margarine
- 25 g Kokosraspel
- 250 g Früchte nach Wahl (Erdbeeren, Himbeeren)
- Rapsöl zum Braten
- Zitronenmelisse zur Dekoration
- Ahornsirup nach Belieben

1. Pflanzendrink in einen Topf geben. Polenta einrieseln lassen. Unter ständigem Rühren zum Kochen bringen. Rohrzucker, Salz, Orangenschale, Zimt, Muskat und Margarine unterrühren. 1 Minute unter Rühren köcheln lassen.
2. Anschließend den Herd abschalten. Die Polenta 10 Minuten, auf der ausgeschalteten Herdplatte, mit Deckel quellen lassen.
3. Eine kleine Auflaufform mit Frischhaltefolie auslegen und mit der Hälfte der Kokosraspel bestreuen. Polenta auf der Folie 2 cm dick verstreichen. (Am besten funktioniert das, indem man einen Esslöffel immer wieder in kaltes Wasser taucht!)
4. Restliche Kokosraspel auf die Polenta streuen. Polenta für 30 Minuten im Kühlschrank kalt stellen. Im Anschluss in Dreiecke oder Schnitten schneiden.
5. Erdbeeren und Himbeeren waschen, trocknen und in mundgerechte Stücke schneiden. Rapsöl in einer Pfanne erhitzen. Polenta-Schnitten darin 2–3 Minuten bei mittlerer Hitze goldbraun anbraten.
6. Schnitten auf Tellern anrichten. Mit Beeren, Zitronenmelisse und Ahornsirup beträufelt servieren.

AMARANTH-SCHOKO-WAFFELN

FÜR 5 PORTIONEN
ZUBEREITUNGSZEIT: 25 MINUTEN

ZUTATEN:

- 125 g Dinkelmehl, Type 630
- 25 g Kakaopulver
- 2 TL Backpulver, gestrichen
- 1 Prise Salz
- 70 g vegane Zartbitterschokolade
- 50 g Margarine
- 40 g Rohrzucker
- 2 EL gepuffter Amaranth (10 g)
- 50 g Apfelmark
- 150 ml ungesüßter Mandeldrink
- Ahornsirup, Agavendicksaft oder Reissirup zum Süßen nach Belieben

1. Dinkelmehl, Kakaopulver, Backpulver und Salz in einer Schüssel miteinander vermischen.
2. Zartbitterschokolade grob hacken, mit Margarine in einen Topf geben und bei kleiner Hitze schmelzen. Geschmolzene Schokolade in eine Schüssel geben. Rohrzucker, Amaranth, Apfelmark, Mehl-Mix und Mandeldrink hinzugeben und mit einem Handrührgerät zu einem geschmeidigen Teig verrühren.
3. Waffeleisen vorheizen und je 2 gehäufte Esslöffel Teig auf das Waffeleisen geben. Waffeln backen und anschließend vorsichtig aus dem Waffeleisen lösen.
4. Nach Belieben mit Sirup genießen.

Nach Lust und Laune zusätzlich mit frischem Obst, Beeren, Mandelmus und Kakao-Nibs servieren.
Beim Einkauf von Apfelmark beachten, dass dieses im Gegensatz zu Apfelmus nicht mit Zucker gesüßt ist.

GRUNDREZEPT FÜR WAFFELN

FÜR 8 STÜCK
ZUBEREITUNGSZEIT: 30 MINUTEN

ZUTATEN:

100 g Margarine
300 g Dinkelmehl, Type 630
1 Päckchen Backpulver
1 Prise Salz
75 g Zucker
100 g ungesüßtes Apfelmus
500 ml ungesüßter Mandeldrink
Rapsöl oder Margarine zum Einfetten

1. Margarine schmelzen. Dinkelmehl, Backpulver und Salz in einer Schüssel miteinander vermischen.
2. Geschmolzene Margarine, Zucker, Apfelmus und Mandeldrink zum Mehl-Mix geben und zu einem geschmeidigen Teig verrühren.
3. Waffeleisen erhitzen und gut einfetten. Eine Schöpfkelle Teig in das Waffeleisen geben und nacheinander 8 Waffeln goldbraun ausbacken.

Süße und herzhafte Ofengerichte

LAUGEN-SESAM-BAGEL

FÜR 10 STÜCK

ZUBEREITUNGSZEIT: 15 MINUTEN • GEHZEIT: 75 MINUTEN • BACKZEIT: 30 MINUTEN

ZUTATEN:

1 Würfel Hefe
250 g lauwarmes Wasser
500 g Dinkelmehl, Type 630
1 ½ TL Salz
½ TL Zucker
30 ml Olivenöl
50 g Natron
1 EL grobes Meersalz
1 EL gerösteter Sesam

1. Hefe in lauwarmes Wasser zerbröseln und auflösen. Dinkelmehl, Salz, Zucker und Olivenöl hinzugeben und zu einem geschmeidigen Teig verkneten. Abgedeckt an einem warmen Ort 45 Minuten gehen lassen.
2. Auf einer bemehlten Arbeitsfläche den Teig in 10 gleichgroße Stücke teilen. Jeden Teigling zu einem 25 cm langen Strang rollen und anschließend der Länge nach halbieren. Beide Teigstränge zu einem Zopf flechten und zu einem Kreis legen. Teigenden dabei leicht zusammendrücken. Teiglinge nochmals 30 Minuten gehen lassen.
3. Backofen auf 180 °C Ober-/Unterhitze vorheizen und ein Backblech mit Backpapier auslegen. In der Zwischenzeit 1 l Wasser und Natron sprudelnd aufkochen lassen. Anschließend bei kleiner Temperatur sieden lassen.
4. Jeweils 2–3 Teigstücke 45–60 Sekunden in die Lauge tauchen. Anschließend wenden und erneut 45 Sekunden darin baden. Mit einem Schaumlöffel wenden und auf einem Küchentuch abtropfen lassen. Mit Meersalz und Sesam bestreuen und leicht andrücken.
5. Die Laugen-Bagels mit etwas Abstand zueinander auf das vorbereitete Backblech legen und auf mittlerer Einschubhöhe 25–30 Minuten braun backen. Nach dem Backen auf einem Kuchenrost auskühlen lassen.

Die Laugen-Sesam-Bagels lassen sich wunderbar einfrieren und nach Bedarf im Backofen oder auf dem Brötchenaufsatz des Toasters knusprig aufbacken.

VEGANER BACON

GLUTENFREI

FÜR 4 PORTIONEN
ZUBEREITUNGSZEIT: 20 MINUTEN • BACKZEIT: 7 MINUTEN

ZUTATEN:

10 Blatt Reispapier (Ø 22 cm)
2 EL Rapsöl
2 EL Sojasoße
1 TL Paprikapulver, geräuchert
2 TL Ahornsirup
1 TL Knoblauchpulver
1 TL Zwiebelpulver
1 TL Sriracha
Salz, Pfeffer

1. Reispapier mit einem Messer in 3 cm dicke Streifen schneiden. Die restlichen Zutaten in einer Schüssel miteinander vermischen und mit Salz und Pfeffer abschmecken.
2. Backofen auf 220 °C Ober-/Unterhitze vorheizen und ein Backblech mit Backpapier auslegen.
3. Eine Schüssel mit kaltem Wasser bereitstellen und jeweils immer 3 Reispapierstreifen mit Wasser bepinseln und übereinanderlegen. Anschließend mit der Marinade bestreichen und mit etwas Abstand auf das Backblech legen.
4. Im heißen Backofen 5–7 Minuten backen. Anschließend auf einem Kuchenrost auskühlen lassen.

Luftdicht und kühl gelagert hält sich der Bacon bis zu 1 Woche.

PEKAN-ZIMT-GRANOLA MIT KÜRBISKERNEN

FÜR 8 PORTIONEN, ERGIBT ETWA 400 G
ZUBEREITUNGSZEIT: 10 MINUTEN • BACKZEIT: 25 MINUTEN

ZUTATEN:

50 g Pekannüsse
30 ml Kokosöl
125 g grobe Haferflocken
20 g gepuffter Amaranth
25 g geschälte Hanfsamen
50 g Sonnenblumenkerne
25 g Kürbiskerne
25 g Kakao-Nibs
1 Prise Salz
½ TL gemahlener Kardamom
1 TL gemahlener Zimt
100 ml Ahornsirup

1. Backofen auf 180 °C Ober-/Unterhitze vorheizen und ein Backblech mit Backpapier auslegen.
2. Pekannüsse grob hacken. Kokosöl in einem Topf bei mittlerer Hitze schmelzen. Pekannüsse, Haferflocken, Amaranth, Hanfsamen, Sonnenblumenkerne, Kürbiskerne, Kakao-Nibs, Salz, Kardamom und Zimt in einer Schüssel miteinander vermengen.
3. Kokosöl und Ahornsirup zu den Zutaten geben. Alles gut miteinander verrühren. Das Granola auf dem vorbereiteten Backblech gleichmäßig verteilen.
4. Im heißen Backofen 20–25 Minuten goldbraun backen. Nach der Hälfte der Backzeit mit einem Pfannenwender gründlich durchmischen. Anschließend vollständig abkühlen lassen und in einem Glas luftdicht verschließen.

Das Granola hält sich in einem Glas luftdicht verpackt bis zu mehrere Monate. Nach dem Auskühlen des Granola können auch getrocknete Früchte wie Cranberrys, Rosinen oder klein geschnittene Apfelringe untergemischt werden.

LINSEN-SESAM-KNÄCKEBROT

ZUCKERFREI / GLUTENFREI

FÜR 12 SCHEIBEN
ZUBEREITUNGSZEIT: 25 MINUTEN • BACKZEIT: 60 MINUTEN

ZUTATEN:

1 Schalotte
1 Knoblauchzehe
1 EL Rapsöl
2 TL Currypulver
150 g rote Linsen
300 ml Gemüsebrühe
Salz, Pfeffer
15 g Speisestärke
2 TL Sesam

1. Schalotte und Knoblauch schälen und fein hacken. Rapsöl in einem Topf erhitzen. Schalotten und Knoblauch darin 2–3 Minuten anschwitzen.
2. Currypulver hinzugeben und kurz mit anbraten. Linsen hinzugeben und mit Gemüsebrühe aufgießen. Kurz aufkochen lassen.
3. Bei kleiner Hitze und geschlossenem Deckel 8–10 Minuten garen, bis eine dickflüssige Masse entstanden ist. Mit Salz und Pfeffer abschmecken.
4. Backofen auf 170 °C Ober-/Unterhitze vorheizen und ein Backblech mit Backpapier auslegen.
5. Linsenmasse auskühlen lassen. Mit Speisestärke fein pürieren. Sesam unterrühren. Masse auf dem vorbereiteten Backblech 3 mm dünn verstreichen. Im heißen Backofen 15 Minuten backen. Aus dem Ofen nehmen und mit einem scharfen Messer in 12 Rechtecke schneiden. Backofentemperatur auf 150 °C Ober-/Unterhitze reduzieren.
6. Knäckebrot für weitere 40–45 Minuten knusprig backen. Nach dem Backen vollständig auskühlen lassen.

Luftdicht verpackt hält sich das Knäckebrot bis zu 4 Wochen. Statt Curry lassen sich auch getrocknete Kräuter im Teig verarbeiten.

FRÜHSTÜCKSCROISSANTS MIT GRÜNEM SPARGEL

ZUCKERFREI

FÜR 8 CROISSANTS
ZUBEREITUNGSZEIT: 30 MINUTEN
KÜHLZEIT: 1,5 STUNDEN • BACKZEIT: 25 MINUTEN

ZUTATEN:

- 150 g Dinkelmehl, Type 630
- 90 g feste kalte Margarine
- 90 g veganer Frischkäse (auf Basis von Kokosöl, nussfrei)
- ¼ TL Salz
- 50 g Pesto verde
- 100 g Thai-Spargel (16 Stangen)
- Sesam, veganer Reibegenuss, getrocknete Kräuter nach Belieben

1. Dinkelmehl in eine Schüssel geben. Margarine grob in die Schüssel reiben. Frischkäse und Salz hinzugeben und schnell zu einem Teig verkneten. (Achtung! Teig nicht überkneten, nur so lange, bis er sich zu einer Kugel formen lässt.) Anschließend, in einer Frischhaltedose verpackt, im Kühlschrank 1 Stunde kalt stellen.
2. Backofen auf 180 °C Ober-/Unterhitze vorheizen. Teig auf einem Stück Backpapier auf Ø 28 cm ausrollen. Anschließend für weitere 30 Minuten im Kühlschrank kalt stellen.
3. Mit einem Pizzaschneider aus dem Kreis 8 gleich große Dreiecke schneiden. Jedes Dreieck von der breiten Seite her mit 1 TL Pesto bestreichen. Längs mit 2 Stangen grünem Spargel belegen und anschließend aufrollen.
4. Mit etwas Abstand auf ein mit Backpapier belegtes Backblech legen. Nach Belieben mit Sesam, veganem Reibegenuss oder getrockneten Kräutern bestreuen und leicht andrücken. In den Backofen schieben und 20–25 Minuten backen.

Der Teig ist ein leckeres Grundrezept, das sich nach Belieben auch süß variieren lässt.

AVOCADO-SHAKSHUKA MIT RÄUCHERTOFU

GLUTENFREI

FÜR 2 PORTIONEN
ZUBEREITUNGSZEIT: 25 MINUTEN • BACKZEIT: 15 MINUTEN

ZUTATEN:

- 1 rote Zwiebel
- 2 Knoblauchzehen
- 1 gelbe Paprikaschote
- 100 g Zucchini
- 100 g Räuchertofu
- 2 EL Olivenöl
- 400 g gehackte Tomaten (Dose)
- ½ TL Rohrzucker
- 1 TL Ras el Hanout
- ½ TL Pul Biber (türkische Gewürzmischung mit Paprika)
- 1 TL Paprikapulver, edelsüß
- Salz, Pfeffer
- 1 Avocado
- 50 g vegane Feta-Alternative
- 4 Stängel Petersilie oder Koriander
- 2 Spritzer Zitronensaft

1. Zwiebel schälen und in feine Streifen schneiden. Knoblauch schälen und fein hacken. Paprikaschote halbieren, das Kerngehäuse entfernen und in mundgerechte Stücke schneiden. Zucchini vierteln und in dünne Scheiben schneiden. Räuchertofu klein würfeln.
2. Olivenöl in einer ofenfesten Pfanne erhitzen. Zwiebeln und Knoblauch darin 2–3 Minuten glasig andünsten. Paprika, Zucchini und Räuchertofu hinzugeben und bei mittlerer Hitze 5 Minuten anbraten.
3. Gehackte Tomaten hinzugeben und mit Rohrzucker, Ras el Hanout, Pul Biber, Paprikapulver, Salz und Pfeffer würzen. Weitere 2 Minuten bei mittlerer Hitze köcheln lassen.
4. Backofen auf 200 °C Ober-/Unterhitze vorheizen.
5. Währenddessen die Avocado halbieren, entkernen und schälen. Feta-Alternative mit den Händen zerkrümeln. Avocadohälften mit der Hälfte der Feta-Alternative füllen. Avocados auf die Shakshuka legen und mit der restlichen Feta-Alternative bestreuen. Die Pfanne in den Backofen stellen und 10–15 Minuten überbacken.
6. Petersilie grob hacken. Shakshuka mit Petersilie bestreuen und mit Zitronensaft beträufeln. Servieren und genießen.

Diese Shakshuka ist besonders saftig und soßig. In der Pfanne geröstete und geviertelte Tortillafladen passen hervorragend dazu. Auch das Wurzelbaguette (siehe Seite 84) kann zum Dippen und Tunken dazu serviert werden.

OFENPFANNKUCHEN MIT KARAMELL UND NEKTARINE

FÜR 1 PORTION
ZUBEREITUNGSZEIT: 15 MINUTEN • BACKZEIT: 20 MINUTEN

ZUTATEN:

KARAMELLCREME FÜR EIN 290-ML-GLAS:

- 150 g Rohrzucker
- 100 g Kokosmilch
- 50 g Margarine
- 2 TL Tahini

OFENPFANNKUCHEN:

- 50 g Aquafaba (Kichererbsenwasser)
- 75 g Dinkelmehl, Type 630
- ½ Päckchen Backpulver (7 g)
- 1 Prise Salz
- 100 ml ungesüßter Pflanzendrink
- 1 TL Apfelessig
- 1 TL Margarine
- 1 EL gehobelte Mandeln
- 1 Nektarine
- 50 g Himbeeren
- 1 EL Karamellcreme
- 1 EL Kokosjoghurt

1. Für die Karamellcreme Rohrzucker und 2 EL Wasser in einer Pfanne bei mittlerer Hitze schmelzen. So lange rühren, bis sich der Zucker vollständig auflöst und leicht karamellisiert. Kokosmilch, Margarine und Tahini hinzugeben und unter ständigem Rühren klümpchenfrei rühren. Creme anschließend 10 Minuten auskühlen lassen. Erst dann in ein Glas abfüllen und vollständig auskühlen lassen.
2. Für den Pfannkuchen den Backofen auf 220 °C Ober-/Unterhitze vorheizen und eine ofenfeste Pfanne auf dem Backrost platzieren.
3. Aquafaba mit einem Handrührgerät steif schlagen. Dinkelmehl, Backpulver und Salz in einer Schüssel miteinander vermischen. Pflanzendrink und Apfelessig hinzugeben und zu einem glatten Teig verrühren. Steif geschlagenes Aquafaba mit einem Schneebesen vorsichtig unterheben.
4. Margarine in der heißen Pfanne schmelzen. Teig sofort hineingießen und im heißen Backofen 20 Minuten goldbraun backen. Nach 15 Minuten Backzeit den Pfannkuchen wenden und mit den Mandeln bestreuen.
5. In der Zwischenzeit die Nektarine und die Himbeeren waschen und trocknen. Nektarine halbieren, vom Stein lösen und in Spalten schneiden.
6. Ofenpfannkuchen mit Nektarinenspalten, Himbeeren, Karamellcreme und Kokosjoghurt dekorieren. Servieren und genießen.

HEIDELBEERSCHNECKEN

FÜR 12 STÜCK
ZUBEREITUNGSZEIT: 60 MINUTEN • BACKZEIT: 30 MINUTEN

ZUTATEN:

- 1 Päckchen Trockenhefe
- 200 ml ungesüßter, lauwarmer Mandeldrink
- 350 g Dinkelmehl, Type 630
- 100 g Zucker
- 1 Prise Salz
- 60 g weiche Margarine
- 1 EL Zitronensaft
- 250 g Heidelbeeren
- 2 TL Speisestärke
- Puderzucker zum Bestäuben

1. Hefe im Mandeldrink auflösen. Dinkelmehl, 50 g Zucker, Salz und Margarine in eine Schüssel geben. Hefemilch hinzugeben und zu einem geschmeidigen Teig verkneten. Teig anschließend abgedeckt an einem warmen Ort 1 Stunde gehen lassen.
2. In der Zwischenzeit restlichen Zucker (50 g), 2 EL Wasser, Zitronensaft und Heidelbeeren in einen Topf geben und zum Kochen bringen. Anschließend bei kleiner Hitze und geschlossenem Deckel 6–8 Minuten köcheln lassen, bis die Früchte Saft ziehen.
3. 4 TL kaltes Wasser mit der Speisestärke klümpchenfrei verrühren. Unter die Heidelbeermasse rühren, bis sie leicht dicklich wird. Topf vom Herd ziehen und vollständig auskühlen lassen.
4. Backofen auf 180 °C Ober-/Unterhitze vorheizen und eine Auflaufform oder ein Backblech (25 × 25 cm) mit Backpapier auslegen oder fetten.
5. Teig auf einer bemehlten Arbeitsfläche auf eine Größe von 25 × 40 cm ausrollen. Ausgekühlte Heidelbeeren darauf verteilen, dabei rundum einen Rand von 1 cm frei lassen. Teig von der langen Seite her eng aufrollen. Teigrolle mit einem scharfen Messer in daumendicke Stücke schneiden.
6. Schnecken dicht nebeneinander in die Form legen, abdecken und weitere 20 Minuten gehen lassen. Anschließend im heißen Backofen 25–30 Minuten goldbraun backen. Nach dem Backen kurz auskühlen lassen und mit Puderzucker bestäubt genießen.

ZWEIERLEI BAKED BEANS

GLUTENFREI

FÜR 4 PORTIONEN
ZUBEREITUNGSZEIT: 15 MINUTEN • BACKZEIT: 30 MINUTEN

ZUTATEN:

- 1 rote Zwiebel
- 1 Knoblauchzehe
- 10 g Ingwer
- 400 g weiße Bohnen (Dose, Abtropfgewicht 250 g)
- 400 g schwarze Bohnen (Dose, Abtropfgewicht 250 g)
- 1 EL Rapsöl
- 300 g passierte Tomaten (Tetrapack)
- 35 g Rohrzucker
- 1 EL Worcestersoße
- 2 EL Balsamico Bianco
- Salz, Pfeffer
- ½ TL Chiliflocken (optional)

1. Backofen auf 200 °C Umluft vorheizen und eine Auflaufform bereitstellen.
2. Zwiebel und Knoblauchzehe schälen und fein hacken. Ingwer schälen und fein reiben. Bohnen abtropfen. Rapsöl in einem Topf erhitzen. Zwiebeln und Knoblauch darin 2–3 Minuten anschwitzen. Ingwer, Bohnen, passierte Tomaten und Rohrzucker hinzugeben.
3. Zum Kochen bringen und anschließend mit Worcestersoße, Balsamico Bianco, Salz und Pfeffer abschmecken. Nach Belieben noch Chiliflocken unterrühren. 5 Minuten bei mittlerer Hitze köcheln lassen.
4. Bohnen in die Auflaufform füllen und im vorgeheizten Backofen auf mittlerer Einschubhöhe 30 Minuten backen.
5. Baked Beans mit Würstchen (Rezept siehe Seite 13) und Spiegeley (Rezept siehe Seite 17) servieren und genießen.

Zweierlei Baked Beans lassen sich auch hervorragend mit anderen Hülsenfrüchten, wie Kichererbsen oder Kidneybohnen, zubereiten.

HASSELBACK-APFELSTREUSEL

FÜR 2–3 PORTIONEN
ZUBEREITUNGSZEIT: 15 MINUTEN • BACKZEIT: 35 MINUTEN

ZUTATEN:

375 g Äpfel (3 Stück)
2 EL Zitronensaft
60 g Muskovadozucker oder Rohrohrzucker
Mark von 1 Vanilleschote
½ TL Zimt
100 g Dinkelmehl, Type 630
50 g kalte Margarine
2 EL gehobelte Mandeln

1. Backofen auf 180 °C Ober-/Unterhitze vorheizen und eine Auflaufform fetten.
2. Äpfel schälen, halbieren und entkernen. Mit einem scharfen Messer die Apfelhälften fächerförmig einschneiden, aber nicht durchschneiden. Äpfel in die Auflaufform legen und mit Zitronensaft beträufeln.
3. Muskovadozucker, das Mark der Vanilleschote und Zimt miteinander vermischen. 2 TL Zucker abnehmen und die Äpfel damit bestreuen.
4. Restlichen Zucker mit Dinkelmehl und Margarine zu Streuseln verkneten. Streusel über den Äpfeln verteilen und mit Mandeln bestreuen. 35–40 Minuten goldbraun backen.

HIMBEER-CROISSANT-AUFLAUF

FÜR 4 PORTIONEN
ZUBEREITUNGSZEIT: 20 MINUTEN • BACKZEIT: 25 MINUTEN

ZUTATEN:

- Margarine zum Fetten der Auflaufform
- 150 g Himbeeren
- 150 g Johannisbeeren
- Mark von 1 Vanilleschote
- 50 g Rohrzucker
- 30 g Speisestärke
- 500 ml ungesüßter Mandeldrink
- 3 vegane Croissants à 100 g
- 50 g Mandelblättchen

1. Backofen auf 180 °C Ober-/Unterhitze vorheizen und eine Auflaufform fetten.
2. Himbeeren und Johannisbeeren waschen und trocknen. Johannisbeeren von den Rispen abstreifen. Vanillemark, Rohrzucker, Speisestärke und 5 EL Mandeldrink in einer Schüssel klümpchenfrei miteinander verrühren.
3. Restlichen Mandeldrink in einem Topf zum Kochen bringen. Topf vom Herd ziehen. Zuckermischung mit einem Schneebesen unterrühren. Topf erneut auf den Herd geben und Masse unter ständigem Rühren dicklich einkochen lassen.
4. Die Mischung in der Auflaufform verteilen. Croissants und Früchte darauf verteilen. Mit Mandelblättchen bestreuen und im heißen Backofen bei mittlerer Einschubhöhe 20–25 Minuten backen.

Darf es ein bisschen Schokolade sein? Dafür die Croissants vor dem Backen der Länge nach aufschneiden und mit veganer Schokoladencreme bestreichen.

BANANENBROT MIT GEBRANNTEN ERDNÜSSEN

FÜR 1 KASTENFORM, 11 × 23 CM
ZUBEREITUNGSZEIT: 15 MINUTEN • BACKZEIT: 55 MINUTEN

ZUTATEN:

70 g gebrannte Erdnüsse
200 g Dinkelmehl, Type 812
2 TL Backpulver
1 Prise Salz
80 g Rohrzucker
80 g weiche Margarine
Mark von 1 Vanilleschote
4 kleine reife Bananen
50 ml ungesüßter Mandeldrink
25 g Bananenchips

1. Backofen auf 175 °C Ober-/Unterhitze vorheizen und die Kastenform mit Backpapier auslegen.
2. Erdnüsse grob hacken. Dinkelmehl, Backpulver und Salz miteinander vermischen.
3. Rohrzucker, Margarine, Vanillemark und Bananen schälen, in eine Küchenmaschine geben und fein pürieren. Mehlgemisch, gehackte Erdnüsse und Mandeldrink hinzugeben und zu einem geschmeidigen Teig verrühren. (Nicht zu lange rühren!)
4. Teig in die Kastenform füllen und mit Bananenchips bestreuen. Auf mittlerer Einschubhöhe in den Backofen stellen und 50–55 Minuten goldbraun backen.
5. Aus dem Backofen nehmen und 10 Minuten ruhen lassen. Vorsichtig aus der Form stürzen und auf einem Kuchenrost vollständig auskühlen lassen.

Statt gebrannter Erdnüsse können auch gehackte Walnüsse oder Cashewkerne unter den Teig gehoben werden. Auch gehackte vegane Zartbitterschokolade schmeckt ganz hervorragend im Bananenbrot (70 g).

GRANOLA-CUPS

FÜR 8 STÜCK

ZUBEREITUNGSZEIT: 20 MINUTEN • KÜHLZEIT: 30 MINUTEN • BACKZEIT: 15 MINUTEN

ZUTATEN:

- 35 g Kokosöl + mehr zum Fetten
- 1 kleine Banane
- 50 g Reissirup+2 TL mehr
- 150 g kernige Haferflocken
- 1 EL Chiasamen
- 2 EL geschälte Hanfsamen
- 1 TL Zimt
- 200 g Sojajoghurt
- 1 Handvoll gemischte Beeren (Heidelbeeren, Himbeeren, Erdbeeren)
- 2 TL Kakao-Nibs
- Zitronenmelisse

1. Backofen auf 180 °C Ober-/Unterhitze vorheizen und Muffinförmchen fetten.
2. Kokosöl in einem Topf schmelzen. Banane schälen und mit Kokosöl, 50 g Reissirup, 125 g Haferflocken, Chiasamen, 1 EL Hanfsamen und Zimt in einen Mixer geben und pürieren. Restliche Haferflocken (25 g) unterheben.
3. Den Teig in die vorbereiteten Förmchen drücken, dabei eine Mulde und einen Rand nach oben hin formen. Cups im Gefrierschrank 30 Minuten kühlen. Anschließend auf mittlerer Einschubhöhe im Backofen 12–15 Minuten goldbraun backen.
4. Nach dem Backen kurz abkühlen lassen. Anschließend aus der Form lösen und auf einem Kuchenrost vollständig auskühlen lassen.
5. In der Zwischenzeit Sojajoghurt mit 2 TL Reissirup süßen. Beeren waschen, trocknen und je nach Größe in mundgerechte Stücke schneiden.
6. Granola-Cups auf einer Platte anrichten. Mit Sojajoghurt füllen. Beeren darauf verteilen und mit 1 EL Hanfsamen und Kakao-Nibs bestreuen. Mit Zitronenmelisse dekorieren und genießen.

HOT CROSS BUNS

FÜR 8 STÜCK

ZUBEREITUNGSZEIT: 30 MINUTEN • BACKZEIT: 30 MINUTEN

ZUTATEN:

- 200 ml ungesüßter Pflanzendrink
- 1 Päckchen Trockenhefe
- 25 g Rohrzucker
- 1 Prise Salz
- 25 g Margarine
- 300 g Dinkelmehl, Type 630 + 2 EL mehr
- 40 g Cranberrys oder 60 g vegane Schokoladendrops
- 2 EL Aprikosenmarmelade

1. Pflanzendrink in einem Topf lauwarm erhitzen. Trockenhefe, Rohrzucker und Salz unterrühren. Anschließend Margarine, Dinkelmehl und Cranberrys hinzugeben und mithilfe einer Küchenmaschine zu einem geschmeidigen Teig verkneten.
2. Den Teig abgedeckt an einem warmen Ort 1 Stunde gehen lassen. Anschließend auf einer leicht bemehlten Arbeitsfläche durchkneten. (Achtung, der Teig ist klebrig, aber mit leicht bemehlten Händen gut zu formen.) Im Anschluss in 8 gleich große Stücke teilen und zu Kugeln formen.
3. Teigkugeln mit 1 cm Abstand auf ein mit Backpapier ausgelegtes Backblech oder in eine Auflaufform (20 × 30 cm) legen und erneut für 1 Stunde gehen lassen. Backofen auf 180 °C Ober-/Unterhitze vorheizen.
4. 3 EL kaltes Wasser mit 2 EL Mehl klümpchenfrei verrühren. Mehlmasse in einen kleinen Spritzbeutel füllen. Kreuze auf die Teiglinge spritzen.
5. Anschließend im Backofen bei mittlerer Einschubhöhe 25–30 Minuten goldbraun backen. Aprikosenmarmelade in einem kleinen Topf kurz erwärmen. Die noch warmen Brötchen nach dem Backen mit Aprikosenmarmelade bestreichen. Auf einem Kuchenrost vollständig auskühlen lassen. Anschließend in 8 Stücke schneiden und genießen.

Hot Cross Buns sind prima Frühstücksbrötchen mit einer leichten Süße. Süßschnäbel können sie zusätzlich mit Schokoladencreme genießen.

ZIMTCHIPS MIT JOGHURT UND PFLAUMEN

FÜR 5 PORTIONEN ZIMTCHIPS BZW. 2 PORTIONEN JOGHURT-BOWL
ZUBEREITUNGSZEIT: 15 MINUTEN • BACKZEIT: 15 MINUTEN

ZUTATEN:

- 3 Tortillafladen (à Ø 18 cm)
- 40 ml Ahornsirup
- 1 TL Zimt
- 2 TL Rohrzucker
- 1 ½ EL Sesam
- 2 Kiwi Gold
- 4 Pflaumen
- 400 g Sojajoghurt
- Ahornsirup, Agavendicksaft oder Reissirup zum Süßen nach Belieben

1. Backofen auf 180 °C Umluft vorheizen und ein Backblech mit Backpapier auslegen.
2. Tortillafladen übereinanderlegen. Mit einem scharfen Messer in 2 × 2 cm große Quadrate schneiden. Tortillas mit Ahornsirup, Zimt, Rohrzucker und 1 EL Sesam in einer Schüssel miteinander vermischen.
3. Chips gleichmäßig auf dem vorbereiteten Backblech verteilen. Im heißen Backofen 12–15 Minuten goldbraun backen. Nach der Hälfte der Backzeit mit einem Pfannenwender wenden. Nach dem Backen vollständig auskühlen lassen.
4. Kiwi schälen und mit den Pflaumen in mundgerechte Stücke schneiden. Sojajoghurt auf 2 Schüsseln verteilen. Pro Portion jeweils 40 g Tortillachips darauf verteilen. Mit Kiwi und Pflaumen belegen. Abschließend mit Ahornsirup beträufeln, mit dem restlichen Sesam (½ EL) bestreuen und genießen.

In einer Frischhaltedose verpackt halten sich die Zimtchips über mehrere Wochen.

APRIKOSEN-SCHOKO-MUFFINS

FÜR 12 MUFFINS

ZUBEREITUNGSZEIT: 15 MINUTEN • BACKZEIT: 30 MINUTEN

ZUTATEN:

- 6 Zuckeraprikosen
- 80 g vegane Zartbitterschokolade
- 250 g Dinkelmehl, Type 630
- 1 Päckchen Backpulver
- 2 EL Kakaopulver
- 1 Prise Salz
- 80 g weiche Margarine
- 100 g Rohrohrzucker
- 1 TL Vanilleextrakt
- 50 g Apfelmus
- 125 ml ungesüßter Mandeldrink
- 4 EL Granola (Rezept siehe Seite 54)

1. Backofen auf 180 °C Ober-/Unterhitze vorheizen und eine Muffinform mit Papierförmchen auslegen.
2. Zuckeraprikosen waschen, trocknen, entkernen und vierteln. Zartbitterschokolade grob hacken.
3. Dinkelmehl, Backpulver, Kakaopulver und Salz in einer Schüssel miteinander vermischen. Margarine, Rohrzucker, Vanilleextrakt und Apfelmus cremig rühren. Mehlmischung und Mandeldrink zugeben und zu einem geschmeidigen Teig verrühren. Gehackte Schokolade unterheben.
4. Teig in die vorbereiteten Muffinförmchen füllen. Mit Aprikosen belegen und mit Granola bestreuen. Auf mittlerer Einschubhöhe in den Backofen stellen. 25–30 Minuten goldbraun backen.
5. Nach dem Backen auf einem Kuchenrost vollständig auskühlen lassen.

Statt Aprikosen können auch Himbeeren oder andere Früchte der Saison verarbeitet werden.

AMARANTH-RIEGEL

FÜR 12 PORTIONEN
ZUBEREITUNGSZEIT: 30 MINUTEN • BACKZEIT: 25 MINUTEN

ZUTATEN:

- 25 g geschrotete Leinsamen
- 1 Banane
- 15 g gepuffter Amaranth
- 150 g zarte Haferflocken
- 50 g Erdnussmus
- 75 g Kokosblütensirup
- 80 g gemischte Nüsse (Cashewkerne, Walnüsse, Pekannüsse)
- 50 g vegane Zartbitterschokolade

1. Backofen auf 160 °C Ober-/Unterhitze vorheizen und eine Backform (18 × 24 cm) mit Backpapier auslegen oder fetten.
2. Banane schälen und mit Leinsamen, Amaranth, Haferflocken, Erdnussmus und Kokosblütensirup in einen Mixer geben und pürieren.
3. Nüsse grob hacken und unter die Haferflockenmasse heben. Teig in die vorbereitete Form geben und mit den Händen in Form drücken. 20–25 Minuten goldbraun backen. Nach dem Backen kurz auskühlen lassen und mit einem scharfen Messer in 12 gleich große Stücke schneiden.
4. Zartbitterschokolade grob hacken, in eine kleine Schüssel geben und über einem Wasserbad schmelzen. Amaranth-Riegel mit der Schokolade beträufeln und vollständig trocknen lassen.

Luftdicht in einer Frischhaltedose verpackt halten sich die Riegel bis zu 5 Tage.

WURZELBAGUETTE

FÜR 2 BAGUETTES

ZUBEREITUNGSZEIT: 20 MINUTEN • GEHZEIT: 75 MINUTEN • BACKZEIT: 25 MINUTEN

ZUTATEN:

½ Würfel Hefe
500 g Dinkelmehl, Type 630
1 TL Salz
¼ TL Zucker
Kürbiskerne, Sonnenblumenkerne oder Sesam zum Bestreuen nach Belieben

1. Ein Baguetteblech, alternativ ein einfaches Backblech, mit Backpapier auslegen.
2. Hefe in 300 ml lauwarmem Wasser auflösen. Dinkelmehl, Salz und Zucker hinzugeben und mithilfe einer Küchenmaschine 5 Minuten verkneten. Teig in eine leicht bemehlte Schüssel geben und zugedeckt an einem warmen Ort 1 Stunde gehen lassen.
3. Teig anschließend auf eine stark bemehlte Arbeitsfläche geben und mit einem Messer in 2 gleich große Stücke teilen. Die Teiglinge zu 40 cm langen Strängen formen und anschließend gegeneinander eindrehen. So entsteht die typische Form des Wurzelbaguettes.
4. Teiglinge auf das vorbereitete Backblech legen, mit den Saaten bestreuen und fest andrücken. Baguette nochmals 15 Minuten gehen lassen.
5. Backofen auf 230 °C Ober-/Unterhitze vorheizen. Baguette im heißen Backofen 15 Minuten backen. Anschließend die Backofentemperatur auf 200 °C reduzieren und weitere 10 Minuten backen. Nach dem Backen vollständig auskühlen lassen.

Das Baguette lässt sich super einfrieren und nach Bedarf ganz einfach auftauen und im Backofen oder scheibenweise im Toaster knusprig aufbacken.

Brekkie-Quickies

ERDBEER-JOGHURT-TOAST

FÜR 2 PORTIONEN
ZUBEREITUNGSZEIT: 10 MINUTEN • BACKZEIT: 15 MINUTEN

ZUTATEN:

- 4 große Erdbeeren
- 4 Scheiben Toastbrot oder Brioche
- 150 g Kokosjoghurt
- 2 TL Speisestärke
- 1 TL Vanilleextrakt
- 2 TL Zucker
- 2 EL Mandelblättchen
- Ahornsirup (optional)
- Zitronenmelisse (optional)

1. Backofen auf 180 °C Ober-/Unterhitze vorheizen und ein Backblech mit Backpapier auslegen.
2. Erdbeeren waschen, trocknen und vom Strunk befreien. Anschließend in Scheiben schneiden.
3. Die Toastscheiben auf ein Küchenbrett legen. Mit einem Löffel jeweils eine leichte Mulde in die Krume drücken. Dabei einen kleinen Rand frei lassen.
4. Kokosjoghurt, Speisestärke, Vanilleextrakt und Zucker miteinander verrühren. Joghurt-Creme in die Mulden geben. Erdbeeren darauf verteilen und mit Mandelblättchen bestreuen.
5. Im heißen Backofen 10–15 Minuten goldbraun backen. Anschließend auf Tellern anrichten und optional mit Ahornsirup beträufeln. Mit Zitronenmelisse dekorieren und servieren.

Statt Erdbeeren können auch Himbeeren, Heidelbeeren oder andere Früchte verwendet werden.

CHAI-SCHOKO-LATTE MIT PORRIDGE

FÜR 2 LATTE
ZUBEREITUNGSZEIT: 15 MINUTEN

ZUTATEN:

100 g zarte Haferflocken
500 ml Haferdrink, Barista
2 TL Kakao-Nibs
2 EL Ahornsirup
2 TL Kakaopulver
1 TL Chai-Gewürz
2 TL Rohrzucker
Zimt zum Bestäuben

1. Haferflocken, 200 ml Haferdrink, Kakao-Nibs und Ahornsirup in einen Topf geben. 3 Minuten bei kleiner Hitze dicklich einkochen.
2. Weitere 200 ml Haferdrink mit Kakao, Chai-Gewürz und Rohrzucker erwärmen. Restlichen Haferdrink (100 ml) mit einem Milchaufschäumer aufschäumen.
3. Porridge auf dem Boden von 2 Gläsern verteilen. Darauf den Kakao gießen. Abschließend mit dem Milchschaum krönen. Mit Zimt bestreuen und servieren.

Für einen leckeren Karamellgeschmack statt Ahornsirup 2 Karamellbonbons mitkochen oder die vegane Karamellcreme (siehe Seite 63) unter das Porridge rühren.

MANGO-SPINAT-SMOOTHIE MIT HANFSAMEN

GLUTENFREI / ZUCKERFREI

FÜR 2 PORTIONEN Á 300 ML
ZUBEREITUNGSZEIT: 10 MINUTEN

ZUTATEN:

- 200 g Mango
- 1 Banane
- 20 g Ingwer
- 2 Handvoll Baby-Blattspinat
- 200 ml Cashewjoghurt, ohne Zuckerzusätze
- 2 EL Kokoschips
- Saft von ½ Limette
- 300 ml Orangensaft
- 2 EL Hanfsamen, geschält

1. Mango und Banane schälen und in Stücke schneiden. Ingwer ebenfalls schälen und fein reiben.
2. Baby-Blattspinat waschen, trocknen und mit Mango, Banane, Ingwer, Cashewjoghurt, Kokoschips, Limetten- und Orangensaft in einen Mixer geben und fein pürieren.
3. Smoothie mit Hanfsamen bestreuen und genießen.

Je nach saisonalem Angebot lässt sich das Obst gegen Erdbeeren oder der Blattspinat gegen Grünkohl austauschen.

APFEL-BANANEN-CHEESECAKE IM GLAS

FÜR 2 PORTIONEN
ZUBEREITUNGSZEIT: 15 MINUTEN

ZUTATEN:

10 vegane Butterkekse
80 g vegane Frischkäse-Alternative
200 g veganer Kokosjoghurt
½ TL Vanilleextrakt
1 Banane
1 EL vegane Zartbitterschokolade
150 g ungesüßtes Apfelmus
1 EL Granola

1. Butterkekse mit den Händen grob zerkrümeln. Frischkäse, Kokosjoghurt und Vanilleextrakt miteinander cremig rühren. Banane schälen und in Scheiben schneiden. Zartbitterschokolade grob hacken.
2. ¾ der zerkrümelten Butterkekse jeweils auf dem Boden eines Glases verteilen. Darauf im Wechsel die Joghurt-Mischung und Apfelmus schichten.
3. Anschließend mit den restlichen Kekskrümeln und Bananenscheiben belegen. Mit Zartbitterschokolade und Granola bestreuen. Servieren und genießen.

FRÜHSTÜCKSWRAPS MIT SCHNELLER PAPRIKACREME

ZUCKERFREI

FÜR 2 PORTIONEN
ZUBEREITUNGSZEIT: 20 MINUTEN

ZUTATEN:

1 Knoblauchzehe
80 g vegane Frischkäse-Alternative
1 TL Ajvar
50 g geröstete Paprikaschote (Glas)
Salz, Pfeffer
¼ Salatgurke
6 Kirschtomaten
1 Frühlingszwiebel
20 g Rucola
80 g Räuchertofu
2 Vollkorn-Tortillafladen
2 TL Sonnenblumenkerne

1. Knoblauch schälen. Frischkäse, Ajvar, Paprika und Knoblauch in einen Mixer geben und fein pürieren. Mit Salz und Pfeffer abschmecken.
2. Salatgurke vierteln und in dünne Scheiben schneiden. Kirschtomaten ebenfalls vierteln. Frühlingszwiebeln in feine Ringe schneiden. Rucola waschen und trocknen. Räuchertofu in Scheiben schneiden.
3. Tortillafladen mit der Paprikacreme bestreichen. Salatgurke, Kirschtomaten, Frühlingszwiebeln, Rucola und Räuchertofu darauf verteilen. Mit Salz und Pfeffer würzen.
4. Anschließend mit Sonnenblumenkernen bestreuen. Tortillafladen nach Packungsanleitung erwärmen. Dann seitlich einklappen und von unten her fest aufrollen. Mit einem scharfen Messer schräg durchschneiden und genießen.

Die schnelle Paprikacreme eignet sich auch hervorragend als würziger Brotaufstrich. Ajvar gibt es in unterschiedlichen Sorten von mild bis scharf. Für eine glutenfreie Variante einfach auf Mais-Tortillafladen zurückgreifen.

SCHOKOLADEN-SMOOTHIE-BOWL

FÜR 1 PORTION
ZUBEREITUNGSZEIT: 20 MINUTEN

ZUTATEN:

- 2 reife Bananen
- 80 ml ungesüßter Mandeldrink
- 2 EL Kakaopulver
- 2 EL zarte Haferflocken
- 100 g Erdbeeren
- 80 g Himbeeren
- 1 Kiwi
- 2 EL Granola (Rezept siehe Seite 54)

1. Bananen schälen und in grobe Scheiben schneiden. Mandeldrink, Kakaopulver, Haferflocken und Bananen in einen Mixer geben und fein pürieren.
2. Erdbeeren und Himbeeren waschen und trocknen. Erdbeeren vom Strunk befreien und in Scheiben schneiden. Kiwi schälen und ebenfalls in Scheiben schneiden.
3. Schokoladensmoothie in eine Schüssel geben. Mit Erdbeeren, Himbeeren und Kiwi dekorieren. Abschließend mit Granola bestreuen. Servieren und genießen.

Für eine Frozen-Smoothie-Bowl die Bananen schälen, grob klein schneiden und für 4 Stunden im Gefrierschrank gefrieren lassen.
Anschließend wie oben beschrieben weiterverarbeiten und genießen.

CHIA-COUSCOUS-BOWL MIT ORANGE UND KIWI

FÜR 2 PORTIONEN
ZUBEREITUNGSZEIT: 20 MINUTEN

ZUTATEN:

200 ml Kokosmilch
100 g Couscous
1 Orange
2 Kiwis
30 g Haselnüsse
2–3 EL Ahornsirup
2 TL Chiasamen

1. Kokosmilch zum Kochen bringen. Couscous langsam einrieseln lassen und 1 Minute unter ständigem Rühren köcheln lassen. Anschließend vom Herd ziehen und mit geschlossenem Deckel 10 Minuten quellen lassen.
2. Orange schälen und in dünne Scheiben schneiden. Kiwis ebenfalls schälen, halbieren und in Scheiben schneiden. Haselnüsse grob hacken.
3. Couscous mit einer Gabel auflockern. Ahornsirup unterrühren.
4. Couscous auf 2 Schalen verteilen und mit Orange und Kiwi dekorieren. Bowls mit gehackten Haselnüssen und Chiasamen bestreuen. Servieren und genießen.

Je nach Saison kann das Obst nach Lust und Laune ausgetauscht werden. Im Sommer ist zum Beispiel Wassermelone erfrischend und lecker.

GEFÜLLTE GURKENRÖLLCHEN

ZUCKERFREI / GLUTENFREI

FÜR 2 PORTIONEN
ZUBEREITUNGSZEIT: 15 MINUTEN

ZUTATEN:

1 Salatgurke
1 Knoblauchzehe
½ Bund Kräuter (Schnittlauch, Petersilie, Dill)
150 g vegane Frischkäse-Alternative
2 EL ungesüßter Pflanzendrink
1 TL geriebener Meerrettich (Glas)
Salz, Pfeffer
2 TL geschälte Hanfsamen

1. Salatgurke waschen und trocknen. Mit einem scharfen Messer längs halbieren. Kerne mit einem Teelöffel aus der Gurke schaben.
2. Knoblauch schälen und fein hacken. Kräuter waschen, trocknen und ebenfalls fein hacken.
3. Frischkäse mit Knoblauch, Pflanzendrink und Meerrettich cremig rühren. Gehackte Kräuter hinzugeben und mit Salz und Pfeffer abschmecken.
4. Gurkenhälften mit dem Frischkäse füllen und zusammenklappen. Mit einem scharfen Messer in daumendicke Scheiben schneiden.
5. Auf einem Teller anrichten. Mit geschälten Hanfsamen bestreuen und servieren.

VEGANE QUESADILLAS

ZUCKERFREI

FÜR 2 PORTIONEN
ZUBEREITUNGSZEIT: 15 MINUTEN

ZUTATEN:

- 2 Frühlingszwiebeln
- 1 kleine rote Zwiebel
- 1 grüne Chilischote
- 6 Kirschtomaten
- 2 Zweige Petersilie oder Koriander
- 2 Tortillafladen
- 2 EL Pesto rosso
- 80 g vegane Käsealternative, gerieben
- Salz, Pfeffer
- Rapsöl zum Braten

1. Frühlingszwiebeln in feine Scheiben schneiden. Zwiebel schälen und in dünne Scheiben schneiden. Chilischote halbieren, entkernen und klein schneiden. Kirschtomaten vierteln. Petersilie fein hacken.
2. Tortillafladen auf einem Küchenbrett auslegen und mit einem Messer von der Mitte bis zum Rand einmal einschneiden. Mit dem Pesto rosso bestreichen. Anschließend mit dem klein geschnittenen Gemüse, Petersilie und Käsealternative bestreuen. Mit Salz und Pfeffer würzen.
3. Tortilla viertelweise zusammenklappen, sodass ein Dreieck entsteht. Rapsöl in einer Pfanne erhitzen. Quesadillas darin bei mittlerer Hitze von beiden Seiten 2 Minuten goldbraun braten.

Wie wäre es einmal mit Kidneybohnen, Avocado oder grünem Spargel? Bei der Füllung sind der Fantasie keine Grenzen gesetzt. Aber auch süß gefüllt mit Banane und veganer Schokoladencreme sind die Quesadillas eine Köstlichkeit.

OVERNIGHT OATS

FÜR 2 PORTIONEN

ZUBEREITUNGSZEIT: 15 MINUTEN • EINWEICHZEIT: 2 STUNDEN

ZUTATEN:

- 4 entsteinte Datteln
- 100 g Haferflocken
- ½ TL Zimt
- Mark von 1 Vanilleschote
- 300 ml ungesüßter Pflanzendrink
- 2 EL vegane Zartbitterschokolade
- 100 g Trauben
- 2 kleine Bananen

1. Datteln klein würfeln. Haferflocken, Zimt, Vanillemark und Datteln in eine Schüssel geben. Pflanzendrink hinzugeben und gut verrühren.
2. Haferflockenmasse auf zwei Gläser verteilen und fest verschließen. Im Kühlschrank für mindestens 2 Stunden oder besser über Nacht ziehen lassen.
3. Am nächsten Tag die Zartbitterschokolade grob hacken. Bananen schälen. Mit den Trauben in mundgerechte Stücke schneiden.
4. Overnight Oats mit den Früchten und der gehackten Schokolade dekorieren und genießen.

Als Topping ist alles erlaubt, was schmeckt. Für eine noch schokoladigere Note einfach am Vortag 2 TL Kakaopulver unter die Oats mischen.

KARAMELL-HIRSE-PORRIDGE

GLUTENFREI

FÜR 2 PORTIONEN
ZUBEREITUNGSZEIT: 20 MINUTEN

ZUTATEN:

- 500 ml ungesüßter Mandeldrink
- 1 Prise Salz
- ½ TL Zimt
- 4 weiche vegane Karamellbonbons
- 100 g feine Hirse
- 150 g Erdbeeren
- 125 g Heidelbeeren
- 30 g Bananenchips
- 2 TL Leinsamen
- Zitronenmelisse zur Dekoration

1. 400 ml Mandeldrink, Salz, Zimt und Karamellbonbons in einem Topf aufkochen. Hirse hinzufügen und bei kleiner Hitze 10 Minuten köcheln lassen. Dabei immer wieder umrühren, damit das Porridge nicht ansetzt.
2. In der Zwischenzeit Erdbeeren und Heidelbeeren waschen, trocknen und je nach Größe klein schneiden.
3. Restlichen Mandeldrink (100 ml) kurz vor Garzeitende unter das Porridge rühren. Den Hirsebrei in zwei Schüsseln anrichten. Mit Erdbeeren, Heidelbeeren und Bananenchips belegen.
4. Leinsamen darüberstreuen. Mit Zitronenmelisse dekorieren und servieren.

Anstelle von Karamellbonbons einfach 1 EL Karamellcreme (Rezept siehe Seite 63) unter das Porridge rühren.

HASH BROWNS MIT AVOCADO-TOMATEN-SALAT

GLUTENFREI / ZUCKERFREI

FÜR 2 PORTIONEN
ZUBEREITUNGSZEIT: 25 MINUTEN • ZIEHZEIT: 30 MINUTEN

ZUTATEN:

- 1 Avocado
- 1 Tomate
- 4 Radieschen
- 2 Frühlingszwiebeln
- 5 Basilikumblätter
- Saft von 1 Limette
- Salz, Pfeffer
- ½ TL Pul Biber (türkische Gewürzmischung mit Paprika)
- 400 g mehligkochende Kartoffeln
- Muskat
- Rapsöl zum Braten

1. Avocado halbieren, entkernen und das Fruchtfleisch mit einem Löffel herauskratzen. Fruchtfleisch, Tomate und Radieschen würfeln. Frühlingszwiebeln schräg in Streifen schneiden. Basilikumblätter fein hacken.
2. Avocadowürfel mit Tomate, Radieschen, Frühlingszwiebeln und Basilikumblättern in eine Schüssel geben. Mit Limettensaft vermengen. Salat mit Salz, Pfeffer und Pul Biber abschmecken und im Kühlschrank für mindestens 30 Minuten ziehen lassen.
3. Kartoffeln schälen und grob raspeln. Mit Salz, Pfeffer und Muskat abschmecken.
4. Rapsöl in einer Pfanne erhitzen. Aus der Kartoffelmasse 4 gleich große Portionen in die Pfanne geben und leicht flach drücken. Bei mittlerer Hitze von beiden Seiten 5–7 Minuten goldbraun braten. Nach dem Braten auf einem Küchenkrepp abtropfen lassen.
5. Hash Browns auf Tellern anrichten und mit dem Avocado-Tomaten-Salat servieren.

Darf es ein bisschen fruchtig sein? Dafür einfach 1 kleinen Apfel fein würfeln und unter den Salat mischen. Oder etwas grüner? Einfach ¼ Bund frisch gehackten Dill unter die rohe Kartoffelmasse mischen.

Bibliografische Information der Deutschen Nationalbibliothek
Die Deutsche Nationalbibliothek verzeichnet diese Publikation in der Deutschen Nationalbibliografie. Detaillierte bibliografische Daten sind im Internet über http://d-nb.de abrufbar.

Für Fragen und Anregungen
info@rivaverlag.de

Wichtiger Hinweis
Ausschließlich zum Zweck der besseren Lesbarkeit wurde auf eine genderspezifische Schreibweise sowie eine Mehrfachbezeichnung verzichtet. Alle personenbezogenen Bezeichnungen sind somit geschlechtsneutral zu verstehen.

Originalausgabe
1. Auflage 2022

Türkenstraße 89
80799 München
Tel.: 089 651285-0
Fax: 089 652096

Redaktion: Ulrike Reinen
Umschlaggestaltung: Manuela Amode
Umschlagabbildungen und Abbildungen im Innenteil: Sabrina Sue Daniels
Satz: inpunkt[w]o, Haiger (www.inpunktwo.de)
Druck: Florjancic Tisk d.o.o., Slowenien
Printed in the EU

ISBN Print 978-3-7423-2058-2
ISBN E-Book (PDF) 978-3-7453-1822-7
ISBN E-Book (EPUB, Mobi) 978-3-7453-1823-4

SCHNELLES PFANNENBROT MIT SPARGEL UND RUCOLA

ZUCKERFREI

FÜR 4 PORTIONEN
ZUBEREITUNGSZEIT: 20 MINUTEN

ZUTATEN:

180 g Dinkelmehl, Type 630
2 TL Backpulver
½ TL Salz
125 g Sojajoghurt
120 g vegane Frischkäse-Alternative
40 g Pesto verde
1 Handvoll Rucola
125 g Thai-Spargel
2 Frühlingszwiebeln
8 Kirschtomaten
2 EL Rapsöl
2 EL gehobelte Mandeln
Pfeffer

1. Dinkelmehl, Backpulver, Salz und Sojajoghurt in einer Schüssel zu einem glatten Teig verkneten. Den Teig anschließend in 4 gleich große Stücke teilen. Teiglinge auf einer leicht bemehlten Arbeitsfläche zu 12 cm großen runden Fladen ausrollen.
2. Die Teigfladen in einer beschichteten Pfanne ohne Öl von beiden Seiten 1–2 Minuten bei mittlerer Hitze goldbraun backen.
3. Frischkäse mit Pesto verde cremig rühren. Rucola waschen und trocken schleudern. Thai-Spargel in mundgerechte Stücke schneiden. Frühlingszwiebeln in feine Röllchen schneiden. Kirschtomaten vierteln.
4. Rapsöl in einer Pfanne erhitzen. Thai-Spargel darin kurz anrösten. Die Fladen mit Pesto-Frischkäse bestreichen. Darauf Rucola, Thai-Spargel, Frühlingszwiebeln und Kirschtomaten verteilen.
5. Mit gehobelten Mandeln bestreuen und nach Belieben mit Salz und Pfeffer würzen.

Das Pfannenbrot ist auch süß ein wahrer Gaumenschmaus. Dafür die Fladen einfach mit Schokoladencreme oder Karamell bestreichen und mit frischen Früchten oder Obst belegen.